SUMMERDRINKS

GRUNDREZEPT

SLUSHIES

Der Thermomix eignet sich perfekt zum Mixen von Slushies. Egal welche Geschmacksrichtung, ob Cola, Zitrone, Erdbeer oder Aperol, alles ist möglich. Wichtig ist nur, dass das Verhältnis von Flüssigkeit und Eiswürfeln passt.

SLUSHIES MIT SIRUP

60–80 g Sirup nach Wahl (z.B. Erdbeer, Cola, Zitrone siehe S. 13)
400 g Eiswürfel
100 g Wasser

Alle Zutaten in den Mixtopf geben und **7 Sek./Stufe 7** mixen.

Hier noch ein Beispiel:

APEROL SLUSHY

60 g Aperol
100 g Sekt
150 g Eiswürfel
200 g Orangensaft, gefroren

Alle Zutaten in den Mixtopf geben und **10 Sek./Stufe 10** mixen.

LIME

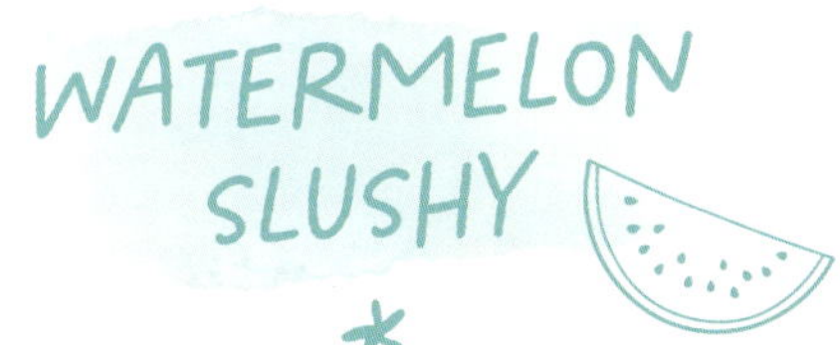

4 Gläser à 200 ml

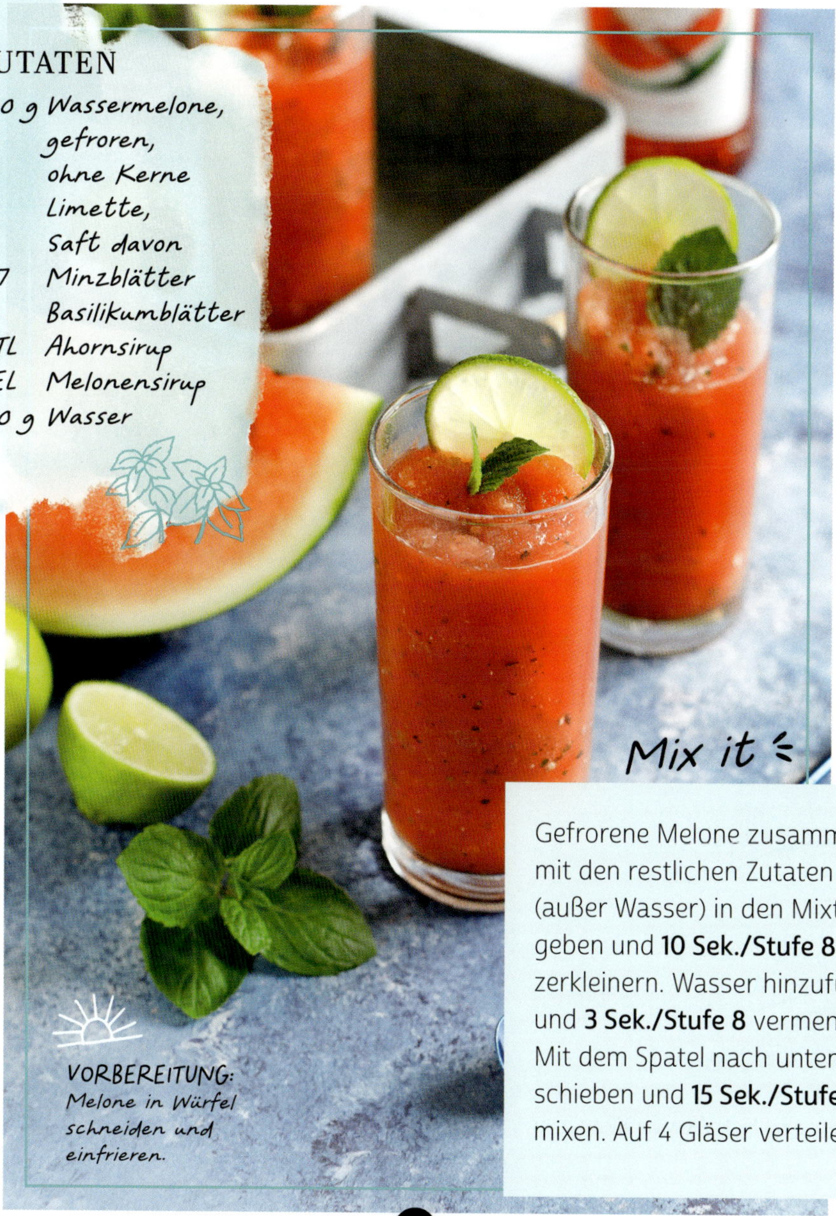

ZUTATEN

500 g	Wassermelone, gefroren, ohne Kerne
1	Limette, Saft davon
6-7	Minzblätter
2	Basilikumblätter
2 TL	Ahornsirup
1 EL	Melonensirup
250 g	Wasser

VORBEREITUNG: Melone in Würfel schneiden und einfrieren.

Mix it

Gefrorene Melone zusammen mit den restlichen Zutaten (außer Wasser) in den Mixtopf geben und **10 Sek./Stufe 8** zerkleinern. Wasser hinzufügen und **3 Sek./Stufe 8** vermengen. Mit dem Spatel nach unten schieben und **15 Sek./Stufe 4** mixen. Auf 4 Gläser verteilen.

PINEAPPLE REFRESHER

mit Likör 43

*

Alkoholfreie Variante:
Statt Likör 43 verwenden Sie 50 g mehr Mineralwasser und 1 TL Zuckersirup.

4 Gläser
à 200 ml

ZUTATEN

200 g Wasser
50 g Zucker
350 g Ananasfruchtfleisch
150 g Nektarine
1/2 Zitrone, Saft davon
150 g Mineralwasser, spritzig
80 g Likör 43
4 Handvoll Crushed Ice

ZUM SERVIEREN:
Nektarinenspalten, Minze, Kirsche oder Ananas

Mix it

50 g Wasser und Zucker in den Mixtopf geben und **3 Min./Varoma/Stufe 2** erhitzen. Ananasfruchtfleisch und Nektarine in Stücken zugeben. Restliche 150 g Wasser hinzufügen und **20 Sek./Stufe 8** pürieren. Masse durch ein feines Haarsieb streichen und Flüssigkeit auffangen. Zitronensaft, Mineralwasser und Likör 43 zugeben und mischen.
Die Gläser mit Crushed Ice füllen, Pineapple Refresher einfüllen und nach Belieben mit Obst und Minze dekorieren. Eiskalt genießen!

8 Martini- oder
6 Weingläser

STRAWBERRY FROSÉ

ZUTATEN

500 g gefrorene Erdbeeren
1 Fl. Roséwein (750 ml)
125 g Eiswürfel

4 Erdbeeren zur Deko

Mix it

Erdbeeren im Mixtopf **10 Sek./Stufe 10** zerkleinern. Rosé und Eiswüfel zugeben und erneut **10 Sek./Stufe 10** mixen.

Auf Martini- oder Weingläser verteilen und mit einer halben Erdbeere garnieren.

Alkoholfreie Variante:
Anstatt Roséwein verwenden Sie 1 Flasche alkoholfreien Sekt.

PFIRSICH-

EISTEE-SIRUP

ergibt ca. 1,3 Liter Sirup

ZUTATEN

1 Liter Wasser
14 Btl. Pfirsichtee
3 Btl. Schwarztee
500 g Zucker
10 g Zitronensäure

Auch super lecker mit Limonentee!

EISTEE MIXEN

Eiswürfel in ein Glas geben, ca. 1 EL Sirup hineingeben und mit stillem Wasser auffüllen.

Hält sich kühl und dunkel gelagert ca. 6 Monate!

Mix it

Wasser in den Mixtopf geben und auf **100°C** erhitzen. Teebeutel einhängen und 10 Min. ziehen lassen. Teebeutel ausdrücken und entfernen. Zucker und Zitronensäure zugeben und **30 Min./100°C/Stufe 1** ohne eingesetzten Messbecher (Spritzschutz einsetzen) kochen lassen.

Sirup in heiß ausgespülte Flaschen füllen und verschließen.

PINK RASPBERRY MOJITO

2 Gläser à 220 ml

ZUTATEN

10 Himbeeren
2 EL Rohrohrzucker
1 Limette
1 Handvoll Minze
4 EL Crushed Ice
350 ml Wild Berry, z.B. von Schweppes

Auch lecker mit Erdbeeren!

Mix it

Himbeeren und Zucker auf 2 Gläser aufteilen. Limette in Scheiben schneiden und in die Gläser geben. Minze und Crushed Ice zugeben und mit einem Cocktailstößel oder Stiel eines Kochlöffels zerstoßen.

Mit Wild Berry auffüllen und nach Belieben mit Minze und Himbeeren dekorieren.

Variante mit Alkohol:
Etwas weißen Rum oder Gin zugeben.

FRESH MOJITO mit Ginger Ale

2 Gläser à 350 ml

*

ZUTATEN

200 g Eiswürfel
2 Limetten
2 EL brauner Zucker
1 Handvoll Minze
300 g Ginger Ale
40 g weißer Rum

Alkoholfreie Variante:
Rum einfach weglassen.

Mix it

Eiswürfel in den Mixtopf geben und **5 Sek./Stufe 5** crushen. In 2 hohe Gläser füllen. Limetten vierteln und zusammen mit dem braunen Zucker und den Minzblättern in den Mixtopf geben. Nun den Thermomix **5 Sek./⟲/Stufe 6** laufen lassen. Der Saft wird somit aus den Limetten gepresst. Ginger Ale und Rum zugießen und mit dem Spatel vermengen. In die zwei Gläser füllen.

MARACUJA
SPRITZ!
Green
MELON-
SPRITZ!
Melon
BOLS
TRAUBEN
GETRÄNK
ALKOHOL
#FUCKYOU
COVID

MARACUJA SPRITZ mit Mango

1 Glas à 250 ml

ZUTATEN

1/2 Maracuja
2 EL Mango, klein gewürfelt
1 TL Mangosirup (altern. Zuckersirup)
1 Handvoll Eiswürfel
100 ml Prosecco
etwas Mineralwasser, spritzig
ein paar Minzblätter

Mix it

Maracuja-Fruchtfleisch, Mangowürfel, Mangosirup und eine Handvoll Eiswürfel in ein Weinglas geben.

Mit Prosecco und Mineralwasser aufgießen. Mit Minze garniert servieren.

GREEN MELON SPRITZ

1 Glas à 250 ml

ZUTATEN

2 EL Melonenlikör (z.B. Bols Melon)
1 Handvoll Eiswürfel
2-3 Gurkenscheiben
80 ml Prosecco
etwas Mineralwasser, spritzig

Mix it

Melonenlikör zusammen mit Eiswürfeln und Gurkenscheiben in ein Weinglas geben. Mit Prosecco und Mineralwasser aufgießen. Fertig!

HOMEMADE ICE COFFEE SIRUP

2 Flaschen à 250 ml

ZUTATEN

180 g Kaffeebohnen
1 Liter Wasser
200 g Zucker

Zum Servieren:
Milch und Eiswürfel

Mix it

Kaffeebohnen in den Mixtopf geben und **15 Sek./Stufe 10** mahlen. Wasser zugeben und **20 Min./100°C/Stufe 1** kochen.

Flüssigkeit erst durch ein Haarsieb gießen, dann durch ein Tuch filtern. Es ergibt 600 g Flüssigkeit. Diese zusammen mit Zucker in den Mixtopf geben und ohne eingesetzten Messbecher **20 Min./Varoma/Stufe 1** kochen. In saubere, heiß ausgespülte Flaschen füllen, fertig!

So wird der Eiskaffee gemixt:
Ein Glas nach Belieben mit Milch und Eiswürfeln füllen und 1–2 EL Sirup dazugeben.

ZITRONEN-SIRUP

für Limonade & Co.

2 Flaschen à 250 ml

ZUTATEN

240 g Zitronensaft, frisch gepresst
240 g Zucker
120 g Wasser
1 Handvoll Rosmarinnadeln

Mix it

Alle Zutaten in den Mixtopf geben und OHNE eingesetzten Messbecher **20 Min./Varoma/Stufe 1** kochen lassen. Sirup durch ein Sieb in saubere, heiß ausgespülte Flaschen füllen.

Hält sich kühl und dunkel gelagert ca. 6 Monate!

Auch super geeignet für Slushies, siehe Seite 2.

ZITRONENLIMO

Der Sirup eignet sich super zum Mixen von Limonade. Hierfür einfach 2 TL Sirup mit Mineralwasser aufgießen und mit Eiswürfeln und einer Zitronenscheibe genießen.

FROZEN COCONUT MARGARITA

2 Gläser à 200 ml

ZUTATEN

100 g cremige Kokosmilch
1 EL Kokossirup
1 Limette, Saft davon
40 g weißer Tequila
1 TL Honig
230 g Eiswürfel

Kokos-Rand:

2 EL geröstete Kokosflocken

Mix it

Alle Zutaten in den Mixtopf geben und **20 Sek./Stufe 8** mixen.

Für einen dekorativen Glasrand, diesen mit einem Stück Limette befeuchten und in geröstete Kokosflocken tauchen. Margarita in 2 Gläser füllen und mit je einem Stück Limette garnieren.

Alkoholfreie Variante: Tequila ersetzen Sie durch Milch.

FROZEN

PINEAPPLE MARGARITA

1 Glas
à 200 ml

ZUTATEN

150 g gefrorene Ananasstücke
30 g weißer Tequila
1/2 Limette, Saft davon
50 g Eiswürfel
50 g Wasser

VORBEREITUNG:
Ananas in Würfel schneiden und einfrieren.

Zucker-Chili-Rand:

2 TL Zucker
1 TL Chilipulver
1/2 Limette

Mix it

Zucker und Chilipulver auf einen Teller geben. Limette in Spalten schneiden. Mit der Limette den Glasrand befeuchten und in die Zucker-Chili-Mischung tauchen.

Drink-Zutaten in den Mixtopf geben und **15 Sek./Stufe 8** mixen. In das Glas geben und mit einer Spalte Limette garnieren!

Alkoholfreie Variante:
Ersetzen Sie Tequila durch Ananassaft.

HYPED PINK DRINK

ZUTATEN

300 g Wasser
2 Btl. Hibiskustee
50 g Himbeeren (frisch oder TK)
150 g Kokosdrink (z. B. von Alpro)
2 TL Holunderblütensirup
2 Handvoll Eiswürfel

Mix it

Wasser in den Mixtopf geben und **6 Min./Varoma/Stufe 1** aufkochen. Teebeutel einhängen und 10 Min. ziehen lassen. Danach herausnehmen und Tee abkühlen lassen.

Himbeeren, Kokosdrink und Holunderblütensirup zugeben und **10 Sek./Stufe 10** mixen. Eiswüfel in die Gläser geben und Pink Drink einfüllen.

ICED MANGO SMOOTHIE

2 Gläser à 200 ml

ZUTATEN

200 g TK-Mango
1 Banane
125 ml Mandelmilch
50 g Kokosjoghurt
etwas Limettenschalenabrieb

Mix it

Alle Zutaten in den Mixtopf geben und **15 Sek./Stufe 10** mixen. In zwei Gläser füllen und mit einer Scheibe Limette garnieren. Eiskalt genießen!

Statt Mango können Sie z. B. auch Erdbeeren oder andere gefrorene Früchte verwenden.

ICED DALGONA COFFEE

2 Gläser à 200 ml

ZUTATEN

- 4 EL Instant-Kaffeepulver
- 3 EL Zucker
- 3 EL heißes Wasser
- 2 Handvoll Eiswürfel
- 2 Tassen kalter Espresso (ca. 50 ml)
- ca. 300 g kalte Milch

Vor dem Trinken gut verrühren!

Mix it

Rühraufsatz in den Mixtopf einsetzen. Kaffeepulver, Zucker und heißes Wasser in den Mixtopf geben und **1:30 Min./Stufe 4** aufschlagen.

Eiswürfel auf die Gläser verteilen und pro Glas eine Tasse Espresso einfüllen. Mit Milch aufgießen, sodass die Gläser 3/4 voll sind. Creme aus dem Mixtopf darauf geben und servieren.

SCHOKO FRAPPÉ

1 Glas
à 350 ml

ZUTATEN

130 g kalte Milch
150 g Eiswürfel
50 g Vanilleeis
1 TL Backkakao
1,5 Schoko-Doppel-Kekse (z.B. Oreo)
1 TL Zucker
etwas Schlagsahne

Mix it

Alle Zutaten (außer Sahne) im Mixtopf **10 Sek./Stufe 10** mixen.

In ein Glas füllen und mit geschlagener Sahne und einem halben Keks garnieren.

CARAMEL
FRAPPÉ
MEXICAN
CHOCOLATE
COFFEE
mit Zimt
& Chili

MEXICAN CHOCOLATE COFFEE

2 Gläser
à 200 ml

ZUTATEN

2 Handvoll Eiswürfel
350 g kalte Milch
1 TL Zucker
2 TL Backkakao
1 TL Zimt, gem.
1/4 TL Cayennepfeffer
1/2 TL Chilipulver
2 Tassen kalter Espresso (ca. 50 ml)

Mix it

Eiswürfel auf zwei Gläser aufteilen.

Milch, Zucker, Kakaopulver und Gewürze im Mixtopf **10 Sek./Stufe 7** mixen. In die Gläser füllen. Pro Glas eine Tasse Espresso darüber gießen.

CARAMEL FRAPPÉ

2 Gläser
à 200 ml

ZUTATEN

300 g kalte Milch
2 TL Instant-Kaffeepulver
100 g Eiswürfel
20 g Karamellsirup
1 TL Vanilleextrakt

Deko: etwas Kakaopulver

Mix it

Alle Zutaten in den Mixtopf geben und **10 Sek./Stufe 10** mixen.

In zwei Gläser füllen und mit Kakaopulver bestäuben.

2 Gläser
à 300 ml

VIRGIN PIÑA COLADA

ZUTATEN

250 g	Eiswürfel
200 g	Ananassaft
150 g	cremige Kokosmilch
10 g	gezuckerte Kondensmilch
1	Limette, Saft davon
1 EL	Kokossirup

Zum Servieren:
Ananas und Kokosflocken

VARIANTE:

Statt 150 g Kokosmilch können Sie auch nur 100 g verwenden und zusätzlich 50 g Orangensaft zugeben.

Mit Alkohol

Mixen Sie noch 60 g weißen Rum in den Cocktail.

TROPICAL VIBES

Die Colada kann auch in einer Ananas serviert werden!

Mix it

Alle Zutaten im Mixtopf **20 Sek./Stufe 10** mixen. Auf zwei Cocktailgläser aufteilen und mit einem Stück Ananas dekorieren.

Wer möchte, kann den Glasrand vor dem Befüllen mit einer Limettenscheibe befeuchten und in Kokosflocken tauchen.

2 Gläser
à 250 ml

SOLERO COCKTAIL

ZUTATEN

200 g Orangensaft, gefroren
200 g Maracujanektar
2 TL Vanilleextrakt
40–50 g Wodka
50 g Sahne
etwas Limettensaft

VORBEREITUNG:
Orangensaft in eine Eiswürfelform füllen und einfrieren.

Mix it

Alle Zutaten im Mixtopf **15 Sek./Stufe 10** mixen. Auf zwei Cocktailgläser aufteilen.

Wer möchte, kann den Cocktail mit Physalis garnieren.

Alkoholfreie Variante:
Ersetzen Sie Wodka durch Maracujanektar.

VANILLA BANANA MAMA

1 Glas
à 250 ml

ZUTATEN

120 g gefrorene Banane
100 g kalte Milch
40 g brauner Rum
50 g Orangensaft
1 Kugel Vanilleeis

VORBEREITUNG:
Banane in Stücke schneiden und einfrieren.

Alkoholfreie Variante:
Anstatt Rum nehmen Sie 40 g Wasser mit etwas Rumaroma.

Mix it

Alle Zutaten (außer Vanilleeis) in den Mixtopf geben und **20 Sek./Stufe 8** mixen. In ein Glas füllen und mit einer Kugel Vanilleeis servieren.

Bleibt der Drink länger stehen setzt sich Flüssigkeit ab. Also zügig genießen.

ORANGE VIRGIN COLADA

1 Glas à 250 ml

ZUTATEN

150 g cremige Kokosmilch
40 g Orangensaft
100 g Eiswürfel
150 g Ananasfruchtfleisch

Mix it

Alle Zutaten in den Mixtopf geben und **20 Sek./Stufe 8** mixen.

In ein Glas gießen und mit einem Ananasstück und ggf. einer Erdbeere dekorieren.

Variante mit Alkohol:
Mixen Sie 30 g Rum dazu.

BLUEBERRY VIRGIN COLADA

2 Gläser
à 200 ml

ZUTATEN

60 g	Orangensaft
120 g	Ananassaft
50 g	cremige Kokosmilch
70 g	Heidelbeer-Nektar
100 g	Eiswürfel

Variante mit Alkohol: Einfach 40 g Rum zugeben und mit mixen.

Mix it

Alle Zutaten in den Mixtopf geben und **10 Sek./Stufe 8** mixen.

In zwei Gläser füllen und ggf. mit einem Heidelbeer-Spieß verzieren.

STRAWBERRY FRAPPUCCINO

2 Gläser à 300 ml

ZUTATEN

300 g	Erdbeeren, TK
275 g	kalte Milch
1 TL	Vanilleextrakt
1 EL	Zucker
2 Kugeln	Vanilleeis

Zum Servieren:

etwas	Schlagsahne
2	Erdbeeren

BELIEBT BEI KINDERN!

Mix it

Erdbeeren, Milch, Vanilleextrakt und Zucker im Mixtopf **15 Sek./Stufe 10** mixen.

In zwei Gläser füllen und je eine Kugel Vanilleeis zugeben. Mit etwas Schlagsahne und Erdbeeren garniert servieren.

BLAUER SCHLUMPF DRINK

1 Glas à 300 ml

ZUTATEN

200 g kalte Milch
40 g Blue Curaçao (Sirup o. Likör)
50 g Eiswürfel

1 Kugel Vanilleeis

Die Variante mit Sirup ist bei Kindern beliebt!

Mix it

Milch, Blue Curaçao und Eiswürfel in den Mixtopf geben und **15 Sek./Stufe 10** mixen. In ein Glas füllen und eine Kugel Vanilleeis zugeben. Ggf. noch Zuckerstreusel darüber streuen.

6-7 Gläser
à 200 ml

FRESH

ZUTATEN

1 Liter Wasser
100 g weißer Rohrzucker
2 Beutel Ingwer-Lemon-Tee
200 g Maracujanektar
1 Limette, Saft davon
1 Limette, in Scheiben geschnitten
2 Handvoll Eiswürfel
1 Handvoll Minzblätter
2 Maracujas, Fruchtfleisch davon

Mix it

Wasser und Zucker in den Mixtopf geben und **10 Min./100°C/Stufe 1** aufkochen. Teebeutel einhängen und 5 Min. ziehen lassen. Maracujanektar und Limettensaft zugeben und Teebeutel entfernen. Umfüllen und vollständig abkühlen lassen.

Limette in Scheiben schneiden. In einen Krug Eiswürfel geben und Limettenscheiben sowie Minzblätter zugeben. Maracuja-Fruchtfleisch hinzufügen und mit Ice Tea auffüllen.

FROZEN ORANGE LEMONADE *

1 Glas à 350 ml

mit Aperol

ZUTATEN

100 g Orangensaft, frisch gepresst
50 g Aperol
50 g Orangen-Limonade
150 g Eiswürfel

Tipps für einen Zuckerrand finden Sie auf Seite 48

Mix it

Alle Zutaten in den Mixtopf geben und **20 Sek./Stufe 8** mixen. In ein Glas füllen und mit einer Orangenscheibe dekorieren.

Alkoholfreie Variante:
Lassen Sie den Aperol weg und nehmen Sie stattdessen 100 g Orangenlimonade.

1 Glas
à 250 ml

TROPICAL LEMONADE

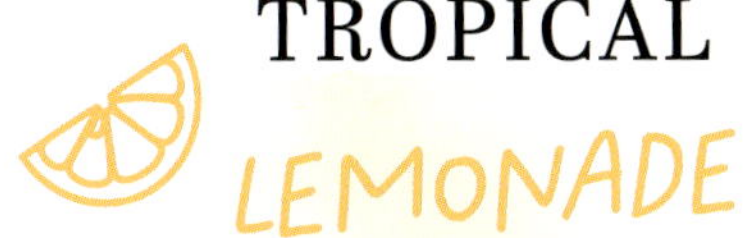

ZUTATEN

100 g	Eiswürfel
1/2	Zitrone, Saft davon
1 Msp.	Vanillemark
150 g	Maracujanektar
100 g	Mineralwasser, spritzig
50 g	Mandelsirup

Mix it

Eiswürfel in den Mixtopf geben und **3 Sek./Stufe 5** crushen, in ein Glas füllen.

Restliche Zutaten im Mixtopf **5 Sek./Stufe 6** mixen und in das Glas füllen. Mit einer Zitronenscheibe garnieren.

mit Vanille & Mandel

THYMIAN-JOHANNISBEER-LIMONADE

4 Gläser à 200 ml

ZUTATEN

300 g Johannisbeeren
50 g Zucker
150 g Wasser
3-4 Thymianzweige
1 Zitrone, in Scheiben geschnitten
700 ml Mineralwasser, spritzig
2 Handvoll Eiswürfel

Mix it

Johannisbeeren, Zucker, Wasser und Thymianblätter in den Mixtopf geben und **15 Min./100°C/Sanftrührstufe** aufkochen. Durch den Gareinsatz absieben und abkühlen lassen.

Eiswürfel und Zitronenscheiben in die Gläser geben und Sirup einfüllen. Mit Mineralwasser aufgießen. Wer möchte, kann noch weitere Johannisbeeren in die Gläser geben.

Variante mit Alkohol:
Etwas Sirup in ein Sektglas geben und mit Sekt aufgießen!

ORANGEN-ZITRONEN-LIMONADE

6-7 Gläser à 200 ml

ZUTATEN

2	Bio-Zitronen
2 Handvoll	Eiswürfel
50 g	Zucker
1 TL	Vanillezucker
350 g	kaltes Wasser
400 g	Orangensaft
200 g	Mineralwasser, spritzig

Mix it

1 Zitrone in Scheiben schneiden und mit Eiswürfeln in einen Krug geben. Die andere Zitrone vierteln und zusammen mit Zucker, Vanillezucker und kaltem Wasser in den Mixtopf geben. **5 Sek./Stufe 9** mixen. Durch ein Sieb in den Krug absieben. Mit Orangensaft und Mineralwasser auffüllen.

BLAUBEER-LIMONADE

ZUTATEN

400 g Blaubeeren
500 g Wasser
50 g Zucker
1 Limette, Saft davon
1 TL Vanilleextrakt
1 Limette
2 Handvoll Eiswürfel
1 Handvoll Minzblätter
500 g Mineralwasser, spritzig

5-6 Gläser à 200 ml

Mix it

Blaubeeren, Wasser und Zucker in den Mixtopf geben und **15 Min./100°C/Stufe 1** aufkochen. Beeren über einem Sieb abgießen und Flüssigkeit in einem großen Gefäß auffangen. Limettensaft und Vanilleextrakt zugeben und vollständig abkühlen lassen.

Limette in Scheiben schneiden. In einen Krug Eiswürfel geben und Limettenscheiben sowie Minzblätter zugeben. Mit abgekühltem Blaubeersaft und Mineralwasser aufgießen und eiskalt genießen. Wer möchte, kann noch ein paar Blaubeeren mit ins Glas geben.

SPRITZIGE HIMBEER-LIMO

ZUTATEN

250 g Himbeeren, frisch oder TK
2 Limetten, Saft davon
150 g Wasser
25 g Honig
30 g Zucker
2 Handvoll Eiswürfel
1 Handvoll Minzblätter
1 Liter Mineralwasser, spritzig

5-6 Gläser à 200 ml

Mix it

Himbeeren, Limettensaft, Wasser, Honig und Zucker in den Mixtopf geben und **12 Min./100°C/Stufe 1** aufkochen. Durch ein Haarsieb die Himbeeren absieben, Flüssigkeit in einem Gefäß auffangen. Vollständig abkühlen lassen. Eiswürfel und Minze in einen Krug geben. Himbeersaft einfüllen und mit Mineralwasser aufgießen.

4 Gläser
à 200 ml

AGUA DE VALENCIA

ZUTATEN

1	Orange
1 Handvoll Eiswürfel	
350 g	Orangensaft, frisch gepresst
75 g	Gin
150 g	Prosecco
2 TL	Zuckersirup
2 Zweige Minze	

mit Prosecco & Gin

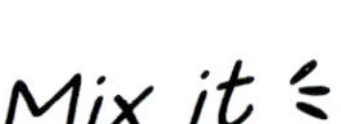

Mix it

Orange in Scheiben schneiden und zusammen mit den Eiswürfeln in einen Krug geben.

Orangensaft, Gin, Prosecco und Sirup zugießen und mit Minze garniert servieren.

Alkoholfreie Variante:
Statt Prosecco verwenden Sie alkoholfreien Sekt und statt Gin Orangenlimonade.

WEISSE
SANGRIA

6 Weingläser
à 300 ml

ZUTATEN

4 Handvoll	Eiswürfel
1/4	Honigmelone
1	grüner Apfel
1	Zitrone
1	Limette
5-6	Erdbeeren
1 Handvoll	Trauben
1 Handvoll	Minze
2 Fl.	Weißwein (z. B. Silvaner)
150 g	Wermut
2-3 EL	Zuckersirup

TIPP:
Wer möchte, kann die Früchte mehrere Stunden zuvor in Wermut einlegen.

Mix it

Eiswürfel in einen Krug geben. Honigmelone und Apfel in kleine Würfel schneiden. Zitrone und Limette in Scheiben schneiden. Alles in den Krug zugeben. Erdbeeren vierteln und zusammen mit Trauben und Minze zugeben.
Mit Weißwein und Wermut auffüllen und den Zuckersirup dazugeben. Alles gut vermengen und durchziehen lassen!

MELON
ICE TEA
*

TIPP:
Den Schwarztee am Besten am Vortag schon kochen. Wer möchte, kann noch Minzblätter zugeben.

6 Gläser
à 200 ml

ZUTATEN

1 Liter Wasser
3 Btl. Schwarztee
1/2 Wassermelone
1/2 Honigmelone
1 Limette, Saft davon
2 EL brauner Zucker

ZUM SERVIEREN:
Mit einem Kugelausstecher aus beiden Melonen mehrere Kugeln ausstechen.

Mix it

Wasser in den Mixtopf geben und **8-10 Min./100°C/Stufe 1** aufkochen. 3 Beutel schwarzen Tee hineinhängen und 5 Min. ziehen lassen. Danach die Beutel herausnehmen und den Tee umfüllen. Vollständig abkühlen lassen und für 2-3 Std. in den Kühlschrank stellen. Gerne auch über Nacht.

150 g Wassermelone, 150 g Honigmelone, Limettensaft und Zucker in den Mixtopf geben und **5 Sek./Stufe 6** mixen. Kompletten Tee zugießen und erneut **5 Sek./Stufe 6** mixen. Durch den Gareinsatz abseihen und dann durch ein Haarsieb geben. In eine Karaffe mit Eiswürfeln und Melonenkugeln gießen und eiskalt genießen.

WERMUT

MINT TONIC

1 Glas à 250 ml

*

ZUTATEN

2 EL Wermut (20 g)
1 TL Holunderblütensirup
1 Spritzer Limettensaft
100 g Eiswürfel
1 Handvoll Minze
100 g Tonic Water

Mix it

Alle Zutaten (außer Tonic Water) in den Mixtopf geben und **20 Sek./Stufe 8** mixen.

In ein Glas geben und mit Tonic Water aufgießen.

Alkoholfreie Variante:
Lassen Sie den Wermut weg und geben Sie mehr Tonic Water dazu.

BASILIKUM SPRITZ

2 Gläser à 350 ml

ZUTATEN

1 gr.	Handvoll Basilikumblätter
2 EL	Zucker
225 g	Eiswürfel
1 EL	Zitronensaft
160 g	Rhabarbersaft
50 g	Holunderblütensirup
200 g	Sekt

Mix it

Basilikum und Zucker im Mixtopf **3 Sek./Stufe 8** zerkleinern. Eiswürfel und Zitronensaft zugeben und **10 Sek./Stufe 10** zerkleinern. Sorbet auf zwei Gläser verteilen.

Rhabarbersaft und Holunderblütensirup vermengen und über das Sorbet geben. Mit Sekt aufgießen.

Alkoholfreie Variante: Nehmen Sie alkoholfreien Sekt zum Aufgießen.

GIN VARIANTEN

mit Melone & Gurke

mit Erdbeeren

Farbwechsel-Effekt

VORBEREITUNG:
Wasser aufkochen und Tee nach Packungsanweisung zubereiten. Abgekühlten Tee i Eiswürfelformen gießen und einfrieren (am besten über Nacht).

je 1 Glas
à 250 ml

GIN TONIC
mit Melone & Gurke

ZUTATEN

1 gr. Handvoll Eiswürfel
1/4 kl. Honigmelone
2-3 feine Gurkenscheiben
1 TL Limettensaft
3 EL Gin (30 ml)
200 ml Tonic Water
ein paar Minzblätter

Mix it

Zuerst das Glas mit Eiswürfeln füllen. Von der Honigmelone Kugeln ausstechen oder klein würfeln. Melone und 2-3 Gurkenscheiben ins Glas geben und mit Gin und Tonic Water aufgießen. Mit Minze garniert servieren.

ERDBEER GIN TONIC

ZUTATEN

1 gr. Handvoll Eiswürfel
1-2 Erdbeeren
1 TL Erdbeersirup
3 EL Gin (30 ml)
200 ml Tonic Water
ein paar Minzblätter

Mix it

Zuerst das Glas mit Eiswürfeln füllen. Erdbeeren in kleine Würfel schneiden und mit dem Sirup ins Glas geben. Mit Gin und Tonic Water aufgießen. Mit Minze garniert servieren.

PURPLE GIN TONIC

ZUTATEN

150 g gefrorener Anchan Blau-Tee* (Clitoria ternatea)
3 EL Gin (30 ml)
200 ml Tonic Water
1 Spritzer Limettensaft
ein paar Minzblätter

Mix it

Gefrorener Blau-Tee im Mixtopf **5 Sek./Stufe 6** zu Crushed Ice zerkleinern. In ein Glas füllen und mit Gin und Tonic Water aufgießen. Limettensaft darüber geben und mit Minze servieren.

*in Online-Shops erhältlich

ERDBEER-KOKOS-COCKTAIL

1 Glas
à 350 ml

ZUTATEN

Erdbeerschicht:
100 g frische Erdbeeren
20 g weißer Rum
60 g Eiswürfel
1 TL Puderzucker

Kokosschicht:
100 g cremige Kokosmilch
120 g Eiswürfel
1 TL Puderzucker
20 g Likör 43
10 g weißer Rum

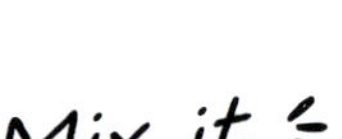

Alle Zutaten für die Erdbeerschicht in den Mixtopf geben und **20 Sek./Stufe 8** mixen. In ein Glas füllen und Mixtopf spülen.

Nun alle Zutaten für die Kokosschicht in den Mixtopf geben und ebenso **20 Sek./Stufe 8** mixen. Über einen Löffelrücken auf die Erdbeerschicht gießen.

Alkoholfreie Variante: Statt Rum verwenden Sie Wasser und statt Likör 43 – Milch.

FROZEN SEX ON THE BEACH

2 Gläser à 250 ml

ZUTATEN

400 g Pfirsiche, gefroren
50 g weißer Rum o. Wodka
30 g Pfirsichlikör
100 g Orangensaft
6 EL Cranberrysaft

VORBEREITUNG: Pfirsiche in Würfel schneiden und einfrieren.

Alkoholfreie Variante: Rum ersetzen Sie durch Wasser mit Rumaroma und statt Likör nehmen Sie mehr Orangensaft.

Mix it

Alle Zutaten (außer Cranberrysaft) in den Mixtopf geben und **20 Sek./Stufe 8** mixen.

In jedes Glas 3 EL Cranberrysaft geben und die geeiste Pfirsichmasse darauf geben. Fertig! Nach Belieben dekorieren.

MENGE *VERDOPPELN

Einige Rezepte lassen sich auch verdoppeln oder verdreifachen (z.B. Seite 14, 15). Es ist nur darauf zuachten, dass der Mixtopf nicht mehr als 3/4 gefüllt ist.

THERMOMIX WAAGE*

Sie können einen Krug in den Thermomix stellen und so super einfach die Zutaten einwiegen!

CRUSHED ICE*

Ganz einfach im Thermomix herstellen. Für ein Glas Crushed Ice brauchen Sie 170 g Eiswürfel. Diese im Mixtopf 3 Sek./Stufe 5 zerkleinern.

*DEKORATIVER-GLASRAND

So funktioniert`s: Etwas Limettensaft oder farbigen Sirup auf einen Teller geben und das Glas mit der Öffnung darauf stellen. Danach in Zucker tauchen. Fertig!

Mix
Genuss
COOLE DRINKS
für heiße
Tage!
SUMMER
DRINKS
Gemixt
mit & ohne
Thermomix
Corinna Wild

IMPRESSUM

3. Auflage - Januar 2023

C. T. Wild Verlag & Handel GmbH
Saueracker 7
D-93309 Kelheim
Tel. 09441/703772-0
Email: info@mixgenuss.de
www.mixgenuss.de

ISBN-Nr. 978-3-96181-043-7
Autorin: Corinna Wild

Gestaltung & Layout: Eva Gruber
Rezeptfotos: © Corinna Wild
Grafiken von Adobe Stock: © baksiabat,
© PureSolution

Druck & Bindung:
bonitasprint GmbH, 92224 Amberg

Abkürzungen & Rezeptinfos:

B.	= Becher
Bd.	= Bund
EL	= Esslöffel
g	= Gramm
geh.	= gehäuft
gem.	= gemahlen
gestr.	= gestrichen
getr.	= getrocknet
gr.	= groß
kg	= Kilogramm
kl.	= klein
	= Linkslauf
	= Linkslauf herausnehmen
MB	= Messbecher
Msp.	= Messerspitze
Min.	= Minuten
P.	= Päckchen/Packung
Sek.	= Sekunden
Spr.	= Spritzer
St.	= Stück
TL	= Teelöffel
TK	= tiefgekühlt